BEI GRIN MACHT SICH IHR WISSEN BEZAHLT

- Wir veröffentlichen Ihre Hausarbeit,
  Bachelor- und Masterarbeit

- Ihr eigenes eBook und Buch -
  weltweit in allen wichtigen Shops

- Verdienen Sie an jedem Verkauf

Jetzt bei www.GRIN.com hochladen
und kostenlos publizieren

Bartosz Mazur

Die Medienordnungslage der Rundfunksysteme in Polen und Deutschland

GRIN Verlag

Bibliografische Information der Deutschen Nationalbibliothek:

Die Deutsche Bibliothek verzeichnet diese Publikation in der Deutschen National-
bibliografie; detaillierte bibliografische Daten sind im Internet über http://dnb.d-
nb.de/ abrufbar.

Impressum:

Copyright © 2009 GRIN Verlag GmbH
Druck und Bindung: Books on Demand GmbH, Norderstedt Germany
ISBN: 978-3-656-38100-6

Dieses Buch bei GRIN:

http://www.grin.com/de/e-book/209894/die-medienordnungslage-der-rundfunksys-
teme-in-polen-und-deutschland

GRIN - Your knowledge has value

Der GRIN Verlag publiziert seit 1998 wissenschaftliche Arbeiten von Studenten, Hochschullehrern und anderen Akademikern als eBook und gedrucktes Buch. Die Verlagswebsite www.grin.com ist die ideale Plattform zur Veröffentlichung von Hausarbeiten, Abschlussarbeiten, wissenschaftlichen Aufsätzen, Dissertationen und Fachbüchern.

Besuchen Sie uns im Internet:

http://www.grin.com/

http://www.facebook.com/grincom

http://www.twitter.com/grin_com

"Die Medienordnungslage der Rundfunksysteme in Deutschland & Polen"

Macromedia Hochschule für Medien & Kommunikation, Köln

Fachbereich Medienmanagement, TV-Produktion

-

"Internationale Medienwirtschaft"

WS 2009

-

von Bartosz Mazur

1 Einleitung

In der vorliegenden Arbeit werde ich mich mit der Medienordnungslage der Republik Polen beschäftigen. Dabei werde ich das Hauptaugenmerk auf den Rundfunk legen und somit hauptsächlich den Ordnungsrahmen, welche die Marktsegmente „Hörfunk und Fernsehen" betreffen, analysieren. Um anschließend einen Vergleich zum Rundfunk der Bundesrepublik Deutschland ziehen zu können, werde ich auch einen Fokus auf die Strukturen des Rundfunkrechts der BRD legen. Der Vergleich ist aus mehreren Gründen interessant. Polen und Deutschland sind zwei Nachbarländer mit einer gemeinsamen und intensiven Vergangenheit. Die gemeinsame Geschichte wurde fortwährend durch Konflikte geprägt. Der letzte große Konflikt, bei welchem es sich um den „Zweiten Weltkrieg" handelt, veränderte beide Gesellschaften maßgeblich, wenn auch unterschiedlich. Nicht nur die politischen Systeme, die Mentalität der Bürger und der Wohlstand entwickelten sich anders. Auch die Mediensysteme entwickelten sich in zwei verschiedene Richtungen. In Deutschland (bis auf die Sowjetzone) sorgten die westlichen Besatzungsmächte im Rahmen der Entnazifizierung vorausschauend und vorsorgend dafür, dass ein Mediensystem bzw. das Rundfunksystem nach demokratischen Prinzipien ermöglicht wurde. In Polen dagegen wurde unter dem Deckmantel der sowjetischen Diktatur ein gleichgeschaltetes Mediensystem bzw. Rundfunksystem eingeleitet. Dabei ist es Interessant zu sehen, wie sich beide Mediensysteme und die damit verbundenen Medienordnungen entwickelt haben. Als Polen sich 1989 offiziell von der Sowjetdiktatur gelöst hatte und sich der Demokratie zuwendete, mussten sich auch das Mediensystem und die Medienordnung anpassen. Weg von dem Feindbild des Kommunismus, orientierte sich das Mediensystem an westlich-demokratischen Modellen.[1] Doch auch im gegenwärtigen Polen beinhalten das Mediensystem und die damit verbundene Medienordnung, von dem uns bekannten und in Deutschland vorherrschenden Mediensystem viele prägnante Unterschiede. Ein anderer interessanter Grund für die Themenwahl, ist der Blick auf die Gemeinsamkeiten und Unterschiede zwischen einem westeuropäischen und osteuropäischen Mediensystemen und den entsprechenden ordnungspolitischen Rahmenbedingungen. Wie äußert sich die Medienordnung in diesen Staaten? Noch vor ca. 20 Jahren gab es nicht einmal eine Demokratie in den meisten Ländern des

---

[1] Vgl. Transformation und Entwicklungsprozess des Mediensystems in Polen von 1989 bis 2001, S. 9 – S. 17
URL: https://eldorado.tu-dortmund.de/bitstream/2003/2968/1/Hadamikunt.pdf Zugriff: 10.02.2010

ehemaligen Ostblocks. Eine rasante Veränderung wurde seitdem durchgemacht. Nicht nur auf politischer oder soziokultureller Ebene. Auch die Mediensysteme mussten sich an westlichen Modellen orientierten, wodurch es zu Adaptionen kam. Doch die eigenen Landesmentalitäten und andere medienrelevante Faktoren führten zu individuellen Mediensystemen. Basierend auf freiheitlich demokratischen Prinzipien, beinhalten die osteuropäischen Mediensysteme immer noch Relikte aus der Zeit der sowjetischen Diktatur. Die Medienregelung bzw. Medienordnung haben eine überaus wichtige Rolle in den demokratisch geprägten Systemen. Denn durch eine fortwährende Kontrolle der Strukturen, Abläufe, Inhalte und Machtverhältnisse, kann ein Gleichgewicht und Stabilität geschaffen werden. So ist die Regulierung und Unterbindung von Medienkonzentrationen ein wichtiger Bestandteil der Medienordnung. Doch auch die inhaltliche Gestaltung der Programmvielfalt muss auf den demokratischen Prinzipien beruhen. Im Lauf der Arbeit werde ich zunächst einmal den Begriff „Medienpolitik bzw. Medienordnung" näher erläutern und anschließend verwandte und für die Arbeit relevante Begriffe wie z.B. Medienkonzentration und Medienregulierung erklären. Im Hauptteil der Arbeit werde ich mich mit den Rundfunksystemen und der damit verbundenen Medienordnung bzw. Regulierung der Länder Deutschland und Polen auseinandersetzen. Ich werde mich hauptsächlich auf den Rundfunkbereich und alle für dieses Segment relevanten Strukturen und Institutionen konzentrieren. Ich werde hierbei, das für das jeweilige Land, typische Rundfunkmodell vorstellen, wobei man sagen muss, dass man in beiden Ländern mehr oder weniger Gemeinsamkeiten finden wird. Abschließend für den Hauptteil gehe ich auf die Medienordnung, das Medienrecht, Medienregulierung, Medienkonzentration und die für dieses Themengebiet relevanten Institutionen ein. Wie schon erwähnt wird sich die Arbeit in beiden Fällen auf den Rundfunk fokussieren. Am Ende der Arbeit soll zwischen beiden Rundfunksystemen und ordnungspolitischen Rahmenbedingungen ein Vergleich gezogen werden. Gemeinsamkeiten und Unterschiede werden dabei ausgearbeitet und sollen dem Leser eine Vorstellung über zwei Systeme, die mit verschiedenen Vorraussetzungen zwei verschiedene Mediensysteme erschaffen haben, bieten. Abschließend werden die zukünftigen Folgen der Globalisierung auf die nationalen Medienordnungen aufgezählt und als Prognose für die zukünftige Entwicklung der internationalen Medienpolitik begründet werden.

2 Medienpolitik: Medienordnung & Medienkonzentration

Die Medienpolitik stellt die politischen Rahmenbedingungen eines Mediensystems dar. Anders ausgedrückt sind es alle Maßnahmen eines politischen Systems, welches ein Mediensystem in allen seinen massenmedialen und massenkommunikativen Abläufen und Strukturen reguliert. Dabei werden sowohl alle Mediensektoren, als auch alle Ebenen der Verwertungskette (Produktion, Distribution, Rezeption, Rechtehandel usw.) berührt. Diese Rahmenbedingungen werden durch erfassungs- und medienrechtliche Richtlinien gefestigt. Diese werden von Trägern und Akteuren beeinflusst. Träger sind dabei z.B. auf deutscher nationaler Ebene der Bund und die Länder, auf supranationaler Ebene die EU und auf Länderebene die Landesmedienanstalten. Auch diverse Kommissionen wie die KEK, KDLM oder KEF sind entscheidende Instanzen die das Mediensystem regulieren. Die Medienpolitik orientiert sich an Leitbildern und Zielen, wie z.B. der Meinungs- und Informationsfreiheit oder der Presse- und Rundfunkfreiheit. In einem demokratischen Staat sind es maßgeblich auch die demokratischen Prinzipien, welche die Strukturen der Medienlandschaft gestalten. Falls etwas nicht mit der Norm vereinbar ist, so gibt es die Prozedur der Regulierung. Dabei handelt es sich um eine medienpolitische Intervention in die Vorgänge des Mediensystems. Regulierung kann bei der Lizenzvergabe, bei der Programmgestaltung (Inhalte) und den Prozeduren auftreten. Bei den medienpolitischen Instrumenten finden sich die Selbstregulierung (z.B. FSK), die Ordnungspolitik (Anti-Konzentrationspolitik), die Prozess- und Strukturpolitik und das staatliche Angebot (öffentlicher Rundfunk). Im weiteren Verlauf der Arbeit werde ich noch auf die verschiedenen Instrumente eingehen. Vor allem die ordnungspolitischen Abläufe gewinnen in allen heutigen Wirtschaftssystemen, welche unter dem Strang der Globalisierung, Medienkonvergenz und Digitalisierung immer mehr an Bedeutung. Immer mehr große Weltkonzerne konzentrieren auf internationaler Basis ökonomische und publizistische Macht in den Mediensystemen unserer Zeit. So sind Eigentums- & Verfügungspolitik, Marktfunktionspolitik und Wettbewerbspolitik wichtiger denn je.[2] Medienkonzentration ist das Stichwort. Durch sie wird der Wettbewerb aggressiver und ungerechter. Demokratische Prinzipien werden gefährdet und Meinungsvielfalt reduziert. Also steigt die Wichtigkeit der Anti-Konzentrationspolitik zunehmend.[3]

---

[2] Vgl. Gläser, Martin (Hrsg.) (München, 2008): Medienmanagement S. 346 – S. 350, S. 356, S. 359
[3] Vgl. Thomaß, Barbara (Hrsg.) (Konstanz, 2007): Mediensysteme im internationalen Vergleich S. 124 - S. 129

3 Internationale Medienordnung im Vergleich

Im weiteren Verlauf der Arbeit werde ich die Medienordnungen bzw. Medienrechtslagen von Polen und Deutschland analysieren und anschließend miteinander in einen Vergleich setzen. Da die Betrachtung des kompletten Mediensystems den Rahmen der Arbeit sprengen würde, konzentriere ich mich hauptsächlich auf den Rundfunkbereich beider Länder.

3.1 Medienpolitik und die Medienordnung im Rundfunksystem in Polen

In der Republik Polen existiert wie in Deutschland ein duales Rundfunksystem. Es gibt die öffentlich-rechtlichen und privat-kommerziellen Radio- und Fernsehersender. Dieses Angebot wird aber durch die privat-nicht-kommerziellen Sender ergänzt, wodurch wir beim polnischen Rundfunksystem im Prinzip von einem dreigeteilten Rundfunksystem sprechen müssen. Diese Form des Rundfunks wird auch „gesellschaftlicher Rundfunk" genannt, wobei ein Verbot der Werbung besteht, die Lizenzgebühr jedoch kostenlos ist.[4] Auch wenn das sozialistische System seit ca. 20 Jahren nicht mehr existiert, so bestehen bis zum heutigen Tage Relikte aus der „alten Zeit". Traditionell wird wie schon im sozialistischen Polen das Fernsehen als Machtinstrument angesehen. Dieses Denken ist erhalten geblieben und somit ist es nicht verwunderlich, dass die für diesen Mediensektor verantwortlichen Instanzen, ihren Fokus auf eine intensive Kontrolle dieses Instrumentes legen. Das spiegelt sich unter anderem in einer starken Regulierung, Politisierung und Kontrolle des Rundfunks wieder. Diese Problematik hängt mit dem nie vollendeten Bruch mit dem alten politischen System zusammen. Die Verhandlungen der sozialistischen Regierung mit der Opposition am runden Tisch von 1989 führten zu einer unverändert starken Machtstellung des Staates im Rundfunkbereich Polens und auch der neu gegründete Rundfunkrat in den 90er Jahren wurde trotz seiner zugesprochenen Unabhängigkeit von seiner politischen Umwelt stets beeinflusst. Die damalige kommunistische Führung war bei Reformen bezüglich des Rundfunks und einer neuen Form der Rundfunkregulierung kompromisslos, wobei sie sich von den neuen demokratischen Regierungen nicht viel unterscheiden. Auch Diese sahen im Rundfunk gleichfalls ein starkes meinungsbildendes Machtinstrument und erst nach vielen Debatten wurde 1992 das Rundfunkgesetz eingeführt. Dieses kann man mit

---

[4] Vgl. Gundolf, Axel (Hrsg.) (Saarbrücken, 2008): Transformation des polnischen Mediensystems S. 63

dem deutschen Rundfunkstaatsvertrag vergleichen. Nichts desto trotz kann man die Transformation der polnischen Medienpolitik vom gleichgeschalteten kommunistischen Apparat zu einer Medienpolitik nach demokratischen Prinzipien als geglückt ansehen. Staatliche Medien wurden prinzipiell zu öffentlich-rechtlichen und privat-kommerziellen Medien.[5] Die polnische Medienpolitik und Medienordnung wurde weitgehend durch die Verabschiedung medienrelevanter Gesetze zwischen 1985-2005 beeinflusst. So konnte durch das Zollgesetz von 1989 die Einfuhr ausländischer Publikationen legalisiert werden. Staatliche Monopole konnten durch das Gesetz zur Beseitigung der Arbeiterverlagsgenossenschaften RSW bekämpft werden. Die neue Verfassung der Republik Polen von 1997 hatte die Presse- und Meinungsfreiheit in der Gesetzgebung verankert. Die Zensur wurde durch die Liquidierung des Zensurgesetzes von 1990 abgeschafft. So konnte die Presse mehr und mehr demokratisiert und liberalisiert werden. Die Lizenzierungspflicht wurde abgeschafft und die Prozedur der Registrierung zur Produktion und Distribution eigener Publikationen erleichtert. Heute gilt aber immer noch: Die Presse wird deutlich vom Marktgeschehen dominiert, der Rundfunk jedoch ist immer noch stark politisiert. Der Rundfunk wird durch das Rundfunkgesetz von 1992 reguliert. Dieses hat Ähnlichkeiten zum deutschen Rundfunkstaatsvertrag, wobei aber auch Unterschiede erkennbar sind.[6] Es besteht aus 71 Artikeln, welche in 9 Kapitel eingeteilt sind.[7] In dieser Arbeit werden nur die wichtigsten Vorschriften aus dem Rundfunkgesetz erwähnt. Wie schon erwähnt existiert in Polen ein duales Rundfunksystem, welches durch den staatlichen Rat für den Hörfunk & Fernsehen KRRiT (**K**rajowa **R**ada **R**adiofonii **i** **T**elewizji) koordiniert und reguliert wird. Diese Institution verteilt Lizenzen und kontrolliert, ob sich die Sender im Rahmen der Gesetze bewegen. Der nationale Rundfunkrat (KRRiT) besteht aus neun Mitgliedern: Vier aus dem Unterhaus des Parlaments, Zwei aus dem Oberhaus des Parlaments und drei Mitglieder, die vom Präsidenten ernannt werden. Die Verordnungen der KRRiT sind verbindlich, haben somit also eine legislative Funktion.[8] Die Regelungen über die KRRiT werden in Kapitel 2 des Rundfunkgesetzes (Gesetz über Radio und Fernsehen) festgelegt. Die Radio- und Fernsehersender unterteilen sich in öffentlich-rechtliche und privat-kommerzielle Sender. In der Überschrift zu Punkt 3.1.2 habe ich

---

[5] Vgl. Gundolf, Axel (Hrsg.) (Saarbrücken, 2008): Transformation des polnischen Mediensystems S. 62, 89-90
[6] Vgl. Gundolf, Axel (Hrsg.) (Saarbrücken, 2008): Transformation des polnischen Mediensystems S. 59 – S. 61
[7] Vgl. Transformation und Entwicklungsprozess des Mediensystems in Polen von 1989 bis 2001, S. 203
   URL: https://eldorado.tu-dortmund.de/bitstream/2003/2968/1/Hadamikunt.pdf Zugriff: 11.12.2010
[8] Vgl. Gundolf, Axel (Hrsg.) (Saarbrücken, 2008): Transformation des polnischen Mediensystems S. 59 – S. 61

jedoch den „*dualen*" (Rundfunk) in Anführungszeichen gesetzt. Der Gedanke dahinter, begründet sich durch die Tatsache, dass in Polen eigentlich ein dreigeteiltes Rundfunksystem existiert. Denn in Polen gibt es seit 2001 eine neue Kategorie von Sendern auf dem Rundfunkmarkt: Die privaten, nicht-kommerziellen Anbieter. Dabei handelt es sich um den „gesellschaftlichen Rundfunk", der aufgrund des Art. 39b des Rundfunkgesetzes entstanden ist und von der katholischen Kirche betrieben wird. Hierbei handelt es sich überwiegend um religiöse Sender im Bereich Radio und TV. Finanzierung durch Werbung ist dabei verboten, jedoch müssen diese Sender keine Lizenzgebühr zahlen.[9] Erwähnenswert sind dabei der Hörfunk Sender Radio Maryja und der TV-Sender TV Trwam. Die öffentlich-rechtlichen Sender im Bereich Radio und TV sind Aktiengesellschaften im alleinigen Besitz des polnischen Staates. Sie unterliegen der Kontrolle durch die KRRiT (Radio S.A./ TVP S.A.).[10] Gemäß Art. 26 sind die öffentlich-rechtlichen Sender also „Ein-Personen-Aktiengesellschaften" des Finanzministeriums. Die Leitung übernimmt ein Vorstand, welcher zuvor von einem Aufsichtsrat ernannt und kontrolliert wird. Der Aufsichtsrat wird vom Nationalen Rundfunkrat bestimmt. Somit sind die öffentlich-rechtlichen Sender im Staatsbesitz. Nach Art. 31 des Rundfunkgesetzes schöpfen die öffentlich-rechtlichen Sender ihre Einnahmen aus einem dualen Finanzierungsmodell: Zum einen sind das die obligatorischen Rundfunkgebühren, zum anderen sind es Werbeeinnahmen (auch Rechtehandel). Die privat-kommerziellen Sender finanzieren sich aus Werbeeinnahmen.[11] Laut Kapitel 7 des Rundfunkgesetzes dürfen die Einnahmen aus den Gebühren nur für den öffentlich-rechtlichen Rundfunk verwendet werden. Der nationale Rundfunkrat ernennt auch den Programmrat, welcher sich um die inhaltliche Ausgestaltung und Kontrolle des öffentlichen Rundfunks kümmert. Im Rundfunkgesetz werden also auch inhaltliche und funktionelle Fragestellungen im Rahmen des Rundfunksystems geregelt. So werden die allgemeinen Aufgaben des Rundfunks festgelegt (Kap. 1). Dabei stehen Bildung, Information, Kultur, Kunst, Wissenschaft, Unterhaltung und die Förderung nationaler Produktionen audiovisueller Werke im Vordergrund. Zudem werden Mindestquoten für polnischsprachige (33%) und europäische Produktionen (50%) für TV- und Radioprogramme festgelegt (Art. 15, Kap. 3). Weiterhin muss Werbung kenntlich

---

[9] Vgl. Gundolf, Axel (Hrsg.) (Saarbrücken, 2008): Transformation des polnischen Mediensystems S. 63
[10] Vgl. Wien International: Medienlandschaft in Polen
    URL: http://www.wieninternational.at/de/node/11769 Zugriff: 10.02.2010
[11] Vgl. Gundolf, Axel (Hrsg.) (Saarbrücken, 2008): Transformation des polnischen Mediensystems S. 63 – S. 64

gemacht werden, darf nicht über 15% des täglichen Sendevolumens einnehmen und nicht 12 Min. einer vollen Stunde überschreiten. Kinder-, Religions- und Nachrichtensendungen dürfen nicht unterbrochen werden. Werbung für Tabak und Glücksspiel sind verboten und im Bereich von Alkohol sind Restriktionen vorhanden. Durch Art. 18 (Kap. 3) und Kapitel 4, werden besondere Qualitäten von den Rundfunkinhalten verlangt. So wird besonderer Wert auf christliche Werte, Moral, polnische Kultur und Sprache, familiäre Werte, demokratische Werte, Minderheitenschutz und Jugendschutz gelegt. Pornografie und sinnlose Gewalt ist verboten. Gewaltinhalte und Vulgarismus dürfen nur zwischen 23 Uhr und 6 Uhr erfolgen und speziell gekennzeichnet werden. Die ausländische Beteiligung an polnischen Rundfunkunternehmen ist auf maximal 49% begrenzt. Somit wird gewährleistet, dass die Entscheidungsgewalt immer in polnischer Hand ist. Hierbei muss man aber erwähnen, dass ein Zusatz von 2004, auch den EU-Bürgern dieselben Rechte bei Beteiligungen zusprechen wie den Polen.[12] Abschließend kann man sagen, dass das Polnische Rundfunksystem von politischen Eliten stark kontrolliert und gelenkt wird. Der von der Politik schon ohnehin beeinflusste Rundfunkrat hat immense Kompetenzen und Macht über den Rundfunk und dieser fordert zudem noch eine Ausweitung seiner Kompetenzen in neue Bereiche wie z.B. Onlinemedien und Telekommunikation. In Polen besteht keine wirkliche Restriktion bezüglich Medienkonzentrationen. So ist der Printmarkt zum Beispiel weitgehend in den Händen einiger weniger ausländischer Investoren (Burda, Axel Springer Verlag). Im Bereich des Rundfunks sind ausländische Investoren zwar selten, doch auch hier gibt es nur wenige Anbieter des Rundfunkprogramms. Die erfolgreichsten öffentlich-rechtliche Sender TVP 1,2,3 und TV Polonia sind in der Hand des Staates (Finanzminister) und die privaten Sender in den Händen von dem Medienmogul Zygmund Solorz-Zak (Polsat) und (TVN Sendergruppe) in den Händen anderer nationaler oder internationaler Konzerne (Viacom, ITI Gruppe, Strateurop International). Die privaten Rundfunkanbieter haben zudem andere hohe Anteile auf anderen relevanten Märkten.[13]

---

[12] Vgl. Gundolf, Axel (Hrsg.) (Saarbrücken, 2008): Transformation des polnischen Mediensystems S. 61 – S. 63
[13] Vgl. Gundolf, Axel (Hrsg.) (Saarbrücken, 2008): Transformation des polnischen Mediensystems S. 65 & S. 75

3.2 Medienpolitik und die Medienordnung im Rundfunksystem in Deutschland

Das in der Bundesrepublik Deutschland bestehende Mediensystem und die entsprechende Medienordnung werden von einer Vielzahl relevanter Gesetze reguliert. Zu jedem Mediensegment gibt es verantwortliche Instanzen mit einem speziell dafür ausgelegtem Medienrecht bzw. einer Medienpolitik. Doch es gibt viele Gesetze die sich nicht in Mediengesetzestexten finden lassen. Man wird unter den medienrelevanten Grundlagenrechten stets Verfassungsrechtliche Aspekte finden. Hier kann man z.b. das Grundgesetz erwähnen, bei welchen Meinungsfreiheit, Pressefreiheit, Zensurverbot, allgemeine Menschenrechte im Vordergrund stehen. In einem demokratischen Staat sollten demokratische Prinzipien die Medienordnung bestimmen. Weiterhin gehören zu den medienrelevanten Grundlagengesetzen das Urheberrecht, der Jugendschutz und das Gesetz gegen Wettbewerbsbeschränkungen. Über den nationalen Gesetzen stehen zudem auch internationale Mediengesetze und in Europa das Europa- und Völkerrecht. Die Pressefreiheit wird wie schon erwähnt durch Artikel aus dem Grundgesetz begründet. Die jeweiligen Landespressegesetze beziehen sich auf die einzelnen Presseregelungen der einzelnen Länder. Der Multimediasektor wird über das Telekommunikationsgesetz (TKG) und das Telemediengesetz (TMG) reguliert.[14] Die Onlinemedien und Telekommunikationsdienste werden durch eine Arbeitsteilung der Länder und des Bundes reguliert. Der Bund regelt durch das „Gesetz zur Regelung der Rahmenbedingungen für Informations- & Kommunikationsdienste" (IuKDG) die Individualkommunikation und Teledienste. Die Länder regeln über den „Staatsvertrag über Mediendienste" (MDStV) die an die Allgemeinheit gerichteten Mediendienste. Im Bereich der Medien- und Teledienste gibt es keine obligatorischen Zulassungsschranken. Die Zuständigkeit für den Rundfunk fällt unter die Bundesländer und das Rundfunkrecht. Die Gesetzesgrundlagen für den öffentlich-rechtlichen Rundfunk sind die Landesrundfunkgesetze. Die privaten Rundfunkanstalten werden durch die jeweiligen Landesmediengesetze reguliert. Eine einheitliche Gesetzessammlung für alle 16 Länder bietet der Rundfunkstaatsvertrag.[15] Weitere Gesetze bezüglich des Rundfunkrechts werden im weiteren Verlauf der Arbeit erwähnt. Zunächst einmal sollten wir das Rundfunksystem in Deutschland näher betrachten. In der Bundesrepublik

---

[14] Vgl. Gläser, Martin (Hrsg.) (München, 2008): Medienmanagement S. 375
[15] Vgl. Altendorfer,Otto (Hrsg.)(Wiesbaden, 2001):
    Das Mediensystem der Bundesrepublik Deutschland, Band 1, S.56-57

Deutschland besteht ein duales Rundfunksystem. Es gibt also diverse öffentlich-rechtliche und privat-rechtliche Radio- und Fernsehersender. Wie schon erwähnt ist der Rundfunk Ländersache, wobei das Regulierungsprinzip nach dem dualen Prinzip abläuft und von mehreren Institutionen bzw. Regulierungsbehörden kontrolliert und gestaltet wird. Dabei kann man die Rundfunkanstalten, Landesmedienanstalten, die Kommission zu Ermittlung des Finanzbedarfs der Rundfunkanstalten (KEF), die Gebühreneinzugszentrale (GEZ), die Kommission zur Ermittlung der Konzentration im Medienbereich (KEK), die Kommission der Direktorenkonferenz der Landesmedienanstalten (KDLM) und die Arbeitsgemeinschaft der Landesmedienanstalten (ALM) benennen. Zu den Funktionen der einzelnen Institutionen komme ich später. In der Nachkriegszeit wurde der öffentlich-rechtliche Rundfunk ins Leben gerufen. Doch ab den 80er Jahren wurde zusätzlich der private Rundfunk eingeführt. Damit wurde die Vielfalt des Programmangebots für den Rezipienten erweitert. Die privaten Rundfunkanstalten haben aber im Gegensatz zu den öffentlich-rechtlichen Rundfunkanstalten eine kommerzielle Ausrichtung und keine Pflicht der Grundversorgung, wodurch auch relativ geringe Anforderungen an die entsprechenden Programminhalte bestehen. Diese Art der Rundfunkanstalten bedarf Lizenzen. Die öffentlich-rechtlichen Sender haben die Hauptaufgabe der Grundversorgung, was bundesverfassungsrechtlich in diversen Rundfunkurteilen gefestigt ist. Es gilt dabei eine möglichst große und flächendeckende und breiten Verbreitung von Programminhalten. Ein wichtiges Ziel bezüglich dieser Aufgabe ist unter anderem die Sicherung der Meinungsvielfalt. Durch die Einführung des privaten Rundfunks ist dieses Angebot gewachsen. Der öffentlich rechtliche Rundfunk finanziert sich durch Rundfunkgebühren und Werbeinnahmen, wobei aber die Rundfunkgebühren als Haupteinnahmequelle gelten. Die Haupteinnahmequelle des privaten Rundfunks sind Werbeeinnahmen. Die öffentlich-rechtlichen Rundfunkanstalten haben eine Garantie seitens des Bundesverfassungsgerichtes, dass Bestand und Entwicklung aus medientechnischer Sicht fortlaufend gepflegt wird. Rechtliche Grundlagen für den Rundfunk und die 10 öffentlich-rechtlichen Anstalten finden sich im Rundfunkrecht, wobei man erwähnen muss, dass durch die Definition des Rundfunks als Kulturgut, dieser Bereich geradewegs der Kulturhoheit der Länder zugesprochen wird und somit in deren Verantwortungsbereich bzw. unter die Landesrundfunkgesetze fällt. Die Rechtsgrundlage für die privaten

Rundfunkanstalten ist in den Landesmediengesetzen der Länder zu finden.[16] Die Grundversorgung ist auf 3 Ebenen definiert: Die Ebene der Übertragungstechnik, wobei die gesamte Bevölkerung einen Zugang zu den Programminhalten haben müssen. Die Ebene des Programms legt einen hohen inhaltlichen Standart der Programme fest. Und als dritte und letzte Ebene ist die Wirkungsebene zu erwähnen, bei der eine breite Meinungsvielfalt für eine breite Masse und zugleich auch für Minderheiten gesichert wird. Dem Grundversorgungsauftrag untergeordnet ist der Programmauftrag der öffentlich-rechtlichen Rundfunkanstalten, was wir in den zuvor erwähnten Rundfunkgesetzen und Staatsverträgen finden können.[17] Die Staatsverträge kommen dann zum Einsatz, wenn es zu Mehrländeranstalten kommt. Wenn mehrere Länder vom Rundfunkangebot betroffen sind, werden zusätzlich Staatsverträge zwischen den betroffenen Ländern geschlossen. So kann man z.b. in diesem Kontext den Mitteldeutschen Rundfunk erwähnen, wobei die Bundesländer Sachsen, Sachsen-Anhalt und Thüringen betroffen sind. Die Gesetzesgrundlage in diesem Fall wird von den einzelnen Landesrundfunkgesetzen und Staatsverträgen erfasst. Im Gegensatz dazu beinhaltet der Westdeutsche Rundfunk als Gesetzesgrundlage nur das entsprechende Landesrundfunkgesetz. Der private Rundfunk wird von den 15 Landesmedienanstalten, wobei eine Landesmedienanstalt auf ein Bundesland fällt (dabei sind Berlin und Brandenburg ausgenommen), bei der Gründung und dem Betrieb überwacht. Auch die Förderung und die Weiterentwicklung des privaten Rundfunks obliegen diesen Institutionen. Die 15 Landesmedienanstalten arbeiten auf Bundesebene miteinander zusammen. Hierzu dient die Kommission der Direktorenkonferenz der Landesmedienanstalten, welche im Jahr 1985 gegründet wurde. Weiterhin gibt es die Arbeitsgemeinschaft der Landesmedienanstalten, welche seit 1993 besteht und die folgenden Aufgaben zu bewältigen hat. Zunächst einmal müssen von der ALM über die Länder hinweg, einheitliche Verfahrensweisen bezüglich der Kontrolle der Richtlinien für private Rundfunkanstalten festgelegt werden. Die ALM erlässt zudem gemeinsame Richtlinien unter anderem für die Bereiche Jugendschutz, Werbung und Sponsoring, welche anschließend angewendet werden. Auch die organisatorische und technische Zusammenarbeit zwischen den Landesmedienanstalten gehören zum Aufgabenfeld der ALM. Der Vorsitz und die Geschäftsführung werden alle zwei Jahre von einer der

---

[16] Vgl. Altendorfer, Otto (Hrsg.) (Wiesbaden, 2001):
   Das Mediensystem der Bundesrepublik Deutschland, Band 1, S. 58 – S. 60
[17] Vgl. Gläser, Martin (Hrsg.) (München, 2008): Medienmanagement S. 382

15 Landesmedienanstalten übernommen. Die Abstimmung auf Bundesebene zwischen den Ländern im Bereich des öffentlich-rechtlichen und privaten Rundfunks wird mit dem Rundfunkstaatsvertrag geregelt (RStV). Im Rundfunkstaatsvertrag werden unter anderem die Finanzierung, spezielle Werberichtlinien, Programmgrundsätze und der Jugendschutz geregelt.[18] Der Rundfunkstaatsvertrag als länderübergreifende Gesetzessammlung umfasst zudem den Bereich der Lizenzen von Rundfunksendern und besondere Regelungen im Bereich von Exklusivrechten. Dadurch wird die Meinungs- und Informationsvielfalt gesichert. So können z.b. Großveranstaltungen und Kurzberichterstattung für die gesamte Bevölkerung zugänglich gemacht werden. Die Leitmaximen des Rundfunkstaatsvertrages lauten: Freie Meinungsbildung, Meinungsvielfalt und gerechter Wettbewerb. Der Rundfunkstaatsvertrag findet seine Anwendung immer dann, wenn die Zuständigkeit auf zwei oder mehrere Länder gegeben ist.[19] Besonders interessant ist das Feld der Gebote und Verbote des Rundfunkstaatsvertrages im Bereich der Werbung. Dazu zählen das Verbot der irreführenden Werbung, das Gebot der Markierung und Abgrenzung von Werbung, das Verbot von Schleichwerbung und Werbung religiöser, politischer und weltanschaulicher Art. Zudem darf Werbung und die werbetreibende Industrie keine Inhalte beeinflussen. Doch es gibt auch Richtlinien die sich nur auf den öffentlichen oder auf den privaten Rundfunk beziehen. Dabei werden Dauer, Regelmäßigkeit und Sonstiges festgelegt. Religiöse Programme und Kindersendungen dürfen nicht von Werbung unterbrochen werden. Bei den öffentlich-rechtlichen Sendern ist Teleshopping verboten, was wiederum bei den privaten Sendern erlaubt ist. In der deutschen Medienordnungslage besteht die Möglichkeit der Selbstregulierung. Als Instrument der Medienpolitik setzt man oftmals auf die Maßnahme der Selbstregulierung. Hier kann man die FSK (Freiwillige Selbstkontrolle der Filmindustrie) und die FSF (Freiwillige Selbstkontrolle Fernsehen) benennen.[20] Erwähnenswert sind auch Verwertungsgesellschaften wie z.B. die GEMA, die sich um urheberrechtlich geschützte Verwertungs,- Nutzungsrechte und Vergütungsansprüche in der deutschen Medienlandschaft kümmern.[21]

---

[18] Vgl. Altendorfer, Otto (Hrsg.) (Wiesbaden, 2001):
Das Mediensystem der Bundesrepublik Deutschland, Band 1, S. 61 – S. 63
[19] Vgl. Gläser, Martin (Hrsg.) (München, 2008): Medienmanagement S. 383-384
[20] Vgl. Gläser, Martin (Hrsg.) (München, 2008): Medienmanagement S. 356-358
[21] Vgl. Altendorfer, Otto (Hrsg.) (Wiesbaden, 2004):
Das Mediensystem der Bundesrepublik Deutschland, Band 2, S. 262 – S. 267

Die Medienkonzentration innerhalb der deutschen Medienlandschaft ist in den Zeiten von internationalen Großkonzernen, Fusionen und der Globalisierung auch beachtlich gestiegen. Im Gegensatz zum Nachbarland Polen gibt es jedoch eine wichtige Regelung im deutschen Mediensystem. Hierbei handelt es sich um die Anti-Konzentrationspolitik. Die Medienkonzentration im Rundfunk wird von der Kommission zur Ermittlung der Konzentration im Medienbereich (KEK) erfasst, beobachtet und kontrolliert. Die Aufgabe der KEK ist es die Medienvielfalt im privaten Fernsehen zu beobachten und bei Abweichungen von der Norm zu reagieren. Zudem soll die Kommission Transparenz bezüglich der Entwicklung auf dem privaten TV-Markt zu schaffen. Hierzu wird alle drei Jahre ein Bericht hinsichtlich der Entwicklung der Konzentration im Auftrag der Landesmedienanstalten erstellt. Im Bericht wird die Verflechtung zwischen dem TV-Markt und den medienrelevanten Märkten, die horizontale Verflechtung zwischen Rundfunkanbietern in verschiedenen Distributionsbereichen und eine internationale Verflechtung auf den Medienmärkten, beobachtet. Als Reaktion auf Abweichungen von der Norm werden Maßnahmen geplant und durchgeführt. Abweichungen werden im Rundfunkstaatsvertrag klar definiert: Ein Sender darf bundesweit so viele Programme distribuieren wie es will, nur darf hierbei keine vorherrschende Meinungsmacht entstehen. Vorherrschende Meinungsmacht ist verfassungsrechtlich nichtig und auch der Staatsvertrag hat genaue Grenzen gesetzt. Die Grenze wird überschritten, wenn die entsprechenden Programme eines Medienunternehmens bzw. Rundfunkanbieters die Rezipientengrenze von 30 % erreicht. Dasselbe gilt, wenn ein Rundfunkanbieter die Rezipientengrenze von 25 % erreicht und gleichzeitig auf medienrelevanten Märkten eine marktbeherrschende Position innehält. Der gesamte Meinungseinfluss darf die Grenze von 30 % nicht überschreiten.[22] In Deutschland wird der TV-Markt von der ProSiebenSat.1 Media AG Gruppe (Pro 7, Sat 1, Kabel 1, DSF) und von der RTL Television GmbH (RTL, RTL II, Super RTL, VOX, n-TV) von UFA Film und Fernseher zu 100 % beherrscht, wobei man aber erwähnen muss das UFA zu RTL Group S.A. gehört und die RTL Group S.A. zu 80 % dem Medienkonzern Bertelsmann gehört.[23] Die Besitzverhältnisse sind also ganz klar unter wenigen großen Medienkonzernen aufgeteilt. Es besteht in einem gewissen Maße ein Dyopol.

---

[22] Vgl. KEK: Kommission zur Ermittlung der Konzentration im Medienbereich
URL: http://www.kek-online.de/Inhalte/aufgaben.html , Zugriff: 11.02.2010
[23] Vgl. Grin – Einflüsse der Medienkonzentration
URL: http://www.grin.com/e-book/111300/einfluesse-der-medienkonzentration-untersuchung-am-beispiel-des-deutschen , Zugriff: 11.02.2010

4 Abschließende Betrachtung

Beide Mediensysteme haben mehr oder weniger dasselbe Fundament. Beide orientieren sich an demokratischen Prinzipien. Dabei muss man aber zwischen Theorie und der Praxis unterscheiden. Deutschland ist bei der Erfüllung der demokratischen Prinzipien weiter fortgeschritten, was unter anderem an der längerfristigen Erprobung der Demokratie im politischen System zu tun hat. Man muss bedenken, dass Polen seit ca. 20 Jahren eine Demokratie besitzt. Zudem waren die westlichen Besatzungsmächte eine große Hilfe bei der Einführung eines neuen deutschen Mediensystems (siehe das Vorbild BBC). Polen musste innerhalb kürzester Zeit sein gesamtes politisches System anpassen an die neue Situation im Land. So war auch die Transformation des kommunistischen Mediensystems zu einem westlich-orientierten Mediensystem eine blitzartige Errungenschaft. Es bestehen viele Ähnlichkeiten im Rundfunksystem der beiden Länder. Beide Länder haben den dualen Rundfunk mit den öffentlichen und privaten Rundfunkanstalten und auch wenn Polen so gesehen einen dreigeteilten Rundfunk („gesellschaftliche Rundfunkanstalten) besitzt, so gelten dieselben Richtlinien wie im Nachbarland Deutschland. In Polen besteht das „Gesetz über Radio und Fernsehen" und ist mit dem deutschen Rundfunkstaatsvertrag vergleichbar. Beide legen allgemeine Programmgrundsätze fest. Auch die Werberichtlinien werden hier geregelt, wobei man viele Gemeinsamkeiten entdecken kann. In Deutschland gibt es allerdings besondere Werberichtlinien für den öffentlichen Rundfunk. Diese Richtlinien gibt es in Polen nicht. Jugendschutz, die Beschränkung von Exklusivrechten an Großereignissen und die Verpflichtung der höheren qualitativen Anforderung an den öffentlichen Rundfunk sind ein wichtiger Bestandteil des Rundfunkgesetzes beider Länder. Ein wichtiger Unterschied ist die Verantwortlichkeit und Struktur der regulierenden Instanzen. In Deutschland gibt es eine dezentrale Regelung mit Hilfe von etlichen Instanzen. In Polen gibt es nur einen „Nationalen Rundfunkrat", welcher sehr weitreichende Kompetenzen hat und von der Politik stark beeinflusst wird. Dadurch wird auch der öffentliche Rundfunk in Polen stark politisiert. In Deutschland wäre dies undenkbar. Hier gibt es strikte Trennung von Rundfunk und politischem Einfluss. Der Nationale Rundfunkrat kümmert sich um die Lizenzen und die Programmaufsicht. In Deutschland ist dies Ländersache, wobei die jeweiligen Landesmedienanstalten ihre Arbeit verrichten und einzelne Landesrundfunkgesetze die Richtlinien vorgeben. Zudem gibt es in Polen feste Quoten für einheimische

Produktionen. Diese Quoten bestehen nicht in Deutschland. In Polen wurde auch lange Zeit eine Mindestquote für ausländische Investoren im Rundfunkbereich festgelegt. Sie durfte die Entscheidungsgewalt von über 49% nicht übersteigen. Dies gilt nicht für die Polen und auch seit neuestem nicht für die EU-Bürger. Die Inhalte in Polen sind stark an nationalistischem und religiösem Denken orientiert. Es gibt Regelungen zum Schutz der polnischen Sprache, Moral und der religiösen Identität. In Deutschland werden eher sittliche, religiöse und weltanschauliche Überzeugungen Anderer respektiert. Auch die Finanzierung ist weitgehend gleich. Bis auf den Unterschied, dass sich in Polen die öffentlich-rechtlichen Sender zusätzlich durch den Rechtehandel finanzieren. Problematisch ist in Polen die geringe Konzentrationsregelung, welche in Deutschland ziemlich ausgeprägt ist. Man kann aber davon ausgehen, dass sich die Mängel des polnischen Rundfunkrechts in den nächsten Jahren verbessern werden, wobei die EU-Mitgliedschaft Polens eine große Rolle spielt. Durch die EU-Gesetze wird es sicherlich zu einer Harmonisierung der Medienordnung im Rundfunksektor kommen. Insgesamt kann man aber sagen, dass Polen und seine Medienpolitik viele wichtige Schritte in ein freies Rundfunksystem gemacht haben.[24] Besonders die Anti-Konzentrationspolitik Polens muss sich auf eine neue Ära der Medienkonzentration vorbereiten, denn Medienkonzentration ist keine Seltenheit mehr und man kann davon ausgehen, dass mit voranschreitender Zeit, immer mehr grenzüberschreitende Fusionen und somit auch Medienpolitische Maßnahmen (Gesetze und ordnungspolitische Strukturen auf internationaler Basis) entstehen und notwendig sein werden. Interessanterweise wird aber Medienkonzentration durch Deregulierung gefördert, damit die internationale Wettbewerbsfähigkeit der großen Konzerne stabilisiert wird. Durch die Globalisierung der Mediensysteme, Digitalisierung, Medienkonvergenz verschwimmen die Grenzen zwischen den nationalen Medien und somit auch den Zuständigkeitsbereichen der Regulierungspolitik.[25] Die „Fast-Nichtregulierbarkeit" des Internets und andere grenzüberschreitenden Medienangebote („Spillover-Effekte") aus der Sicht nationaler Instanzen ist der Grund, warum die internationalen Gesetze an mehr Bedeutung zunehmen werden und die Medienordnungen der einzelnen Länder neu gestalten werden. Zukünftige medienpolitische Entscheidungen werden nicht mehr isoliert getroffen, sondern im Zuge einer internationalisierten Medienordnung.[26]

---

[24] Vgl. Gundolf, Axel (Hrsg.) (Saarbrücken, 2008): Transformation des polnischen Mediensystems S. 64 – S. 69
[25] Vgl. Thomaß, Barbara (Hrsg.)(Konstanz,2007): Mediensysteme im internationalen Vergleich S. 37–39, S. 129
[26] Vgl. Gläser, Martin (Hrsg.) (München, 2008): Medienmanagement S. 387

II. Quellenverzeichnis

- Gundolf, Axel (Hrsg.) (Saarbrücken, 2008):

  Transformation des polnischen Mediensystems

- Thomaß, Barbara (Hrsg.)(Konstanz,2007):

  Mediensysteme im internationalen Vergleich

- Gläser, Martin (Hrsg.) (München, 2008):

  Medienmanagement

- Altendorfer, Otto (Hrsg.) (Wiesbaden, 2001):

  Das Mediensystem der Bundesrepublik Deutschland, Band 1

- Altendorfer, Otto (Hrsg.) (Wiesbaden, 2004):

  Das Mediensystem der Bundesrepublik Deutschland, Band 2

- Transformation und Entwicklungsprozess des Mediensystems in Polen von

  1989 bis 2001

  URL: https://eldorado.tu-dortmund.de/bitstream/2003/2968/1/Hadamikunt.pdf

- Wien International: Medienlandschaft in Polen

  URL: http://www.wieninternational.at/de/node/11769

- KEK: Kommission zur Ermittlung der Konzentration im Medienbereich

  URL: http://www.kek-online.de/Inhalte/aufgaben.html

- Grin – Einflüsse der Medienkonzentration
  URL: http://www.grin.com/e-book/111300/einfluesse-der-medienkonzentration-untersuchung-am-beispiel-des-deutschen